MIX
Papier aus verantwortungsvollen Quellen
Paper from responsible sources
FSC® C105338

Antonella Augensterns abenteuerliches Alphabet

von Antje Tresp-Welte und Norbert Denno

Impressum:

Bibliografische Information der Deutschen Nationalbibliothek:

Die Deutsche Nationalbibliothek verzeichnet diese Publikation in der Deutschen Nationalbibliografie; detaillierte bibliografische Daten sind im Internet über http://dnb.dnb.de abrufbar.

Dieses Werk ist urheberrechtlich geschützt. Alle Rechte, auch die der Übersetzung, des Nachdruckes und der Vervielfältigung, vorbehalten. Kein Teil des Werkes darf ohne schriftliche Genehmigung der Autoren in irgendeiner Form reproduziert, vervielfältigt oder verbreitet werden.

© 2021 Antje Tresp-Welte, Norbert Denno (2. Auflage)

Illustrationen: Norbert Denno

Umschlaggestaltung: Coverdesign Premium durch Books on Demand

Lektorat: Adelheid Bürkle

Korrektorat: Sarah Dittmar

Weitere Mitwirkende: Rolf Sitter, Thomas Welte, Christian Welte

Herstellung und Verlag: BoD – Books on Demand, Norderstedt

ISBN: 978-3-7386-2767-1

Für Matti, Selina und Christian

Antonella Augenstern: Der Anfang von allem

Antonella Augenstern
macht Hausaufgaben gar nicht gern.
Ein ABC-Aufsatz! Oh nein!
Dem Mädchen fällt rein gar nichts ein.
Ein ABC-Aufsatz ist schwer!
Wo nimmt sie bloß den Anfang her?

Schon eine Stunde ist vergangen
und Antonella blickt mit Bangen
auf das Papier, das vor ihr liegt.
Wenn das mal keinen Ärger gibt!

Doch dann, zum Glück,
fällt ihr was ein –
das ist jetzt aber gar kein Reim:

„Am Abend angelt Affe Andi alte Austernmuscheln."

Auf einmal fliegt das Blatt hinaus,
der Wind trägt's fort – ins Nachbarhaus.

Balduin Birnenstiel: Badevergnügen

Dort wohnt Balduin Birnenstiel.
Herr Birnenstiel, der badet viel.
Er liebt den Badeschaum, den blauen,
bemerkt grad' nicht den Wind, den lauen,
der das Papier jetzt mit sich bringt,
bis es sanft auf die Schaumburg sinkt.

Voll Staunen nimmt der Balduin
das Blatt und liest laut vor sich hin:
„ABC-Geschichte schreiben?"
Dabei muss er am Kopf sich reiben.

Dann lacht er plötzlich höchst vergnüglich,
schnappt das Papier, und unverzüglich
holt er sich schnell noch einen Füller,
schreibt einen Satz – der ist der Brüller!
Denn, zum Glück, fällt ihm was ein –
das ist jetzt aber gar kein Reim:

„Bald brummt Berthold Bärs behaarter Bauch."

Auf einmal fliegt das Blatt hinaus,
der Wind trägt's fort – ins Nachbarhaus.

Cecilia Cuseler: Comics und Gespenster am Fenster

Hier wohnt Cecilia Cuseler
mit ihrem Clownfisch Christopher.
Der Fisch liest Comics, schwimmt herum,
Frau Cuseler bestaunt ihn stumm.

Auf einmal klopft es zart ans Fenster.
Frau Cuseler denkt schon: Gespenster!
Und doch traut sie sich couragiert
und checkt die Lage amüsiert:
„'Ne Flugnachricht? Das ist ja toll!
Zum ABC? Hm, hm, jawoll!"

Schnell lesen ihre Augen munter
den ganzen Text, erst rauf, dann runter.
Und dann, zum Glück, fällt ihr was ein –
das ist jetzt aber gar kein Reim:

„Christians Cola-Cremepudding – cool!"

Auf einmal fliegt das Blatt hinaus,
der Wind trägt's fort – ins Nachbarhaus.

Dani Drachenstein: Durcheinander im Garten

Draußen bei Dani Drachenstein
ist wirklich alles superfein:
Das Dahlienbeet ist preisgekrönt,
vom Dachfirst her die Drossel tönt.

Frau Drachenstein liebt Ordnung mehr,
Durcheinander stört sie sehr.
„Ein Blatt Papier im Garten hier?
Zum Donnerwetter! Nicht bei mir!"

Vor Wut sie es zusammenknüllt
und fast hätt' sie es schon vermüllt.
Doch dann fällt ihr es doch noch ein:
„Da stand doch was? Was kann das sein?"

Zum ersten Mal seit Donnerstag
grinst Frau Drachenstein und sagt:
„Druckbleistift!"
Denn ihr fällt was Neues ein –
das ist jetzt aber gar kein Reim:

„Denkt der Dickpelz."

Auf einmal fliegt das Blatt hinfort,
der Wind trägt es zum nächsten Ort.

Eddi Ebert: Entenpost am Bahnsteig

Am Bahnhof dampft die Eisenbahn,
Herr Ebert rennt, so schnell er kann.
Das Erdbeereis schmilzt in der Linken,
sein Fuß wird lahm, er muss schon hinken.

Die Zugtür – sie ist nicht mehr weit.
Da! Eine Ente macht sich breit
und watschelt völlig ungeniert –
Herr Ebert stoppt elektrisiert.
„Was will denn dieses Federtier?",
ruft er. „Was will es bloß von mir?"

„Quak!", macht die Ente und im Schnabel,
trägt sie da etwa eine Gabel?
Nein! Ein Blatt weht zwischen dicken
Watschelentenschnabellippen.

Herr Ebert greift die Entenpost
und denkt: Nicht leicht, die Wörterkost!
Dann fällt, zum Glück, ihm etwas ein –
das ist jetzt aber gar kein Reim:

„Elfenbeinfarbene Eidechsen essen ernsthaft Erbsenreis."

Auf einmal fliegt das Blatt hinfort,
der Wind trägt es zum nächsten Ort.

Familie Finkenbrink: Fröhliches Chaos

Bei der Familie Finkenbrink
sind alle fröhlich und sehr flink:
Finn und Frieda spielen gerade
mit Flamingos eine Parade,
die durch das Wohnzimmer flaniert,
wo Mama Fee ihre Haare frisiert.
Und Papa Franz betätigt sich auch,
er spült das Geschirr mit dem Feuerwehrschlauch.

Da schwebt etwas durchs Fenster rein.
Ein Blatt Papier. Was mag das sein?
Die Finkenbrinks, die staunen echt:
„ABC? Das ist nicht schlecht!
Geschichten mit viel Fantasie,
so heißt es, die vergisst man nie."

Flott zieht der Papa hinterm Ohr
einen feinen Stift hervor.
Finn und Frieda, Fee und Franz
fabulier'n, dann haben sie's ganz,
denn, zum Glück, fällt ihnen was ein –
das ist jetzt aber gar kein Reim:

„Fröhlicher Flusskrebs Friedolin fischt flugs fünf Flaschen frostigen Fruchtsaft."

Auf einmal fliegt das Blatt hinfort,
der Wind trägt es zum nächsten Ort.

Gerd Gansen: Getümmel in der Geisterbahn

Auf dem Jahrmarkt von Gerd Gansen
gibt es Würstchen und Schimpansen
und auch eine Geisterbahn,
Gerd besucht sie mit Elan.

Er fühlt sich von wohligen Schauern belebt,
wenn die Geisterbahnspinne seine Wange
verklebt.
Auch erfüllt es ihn mit herrlichem Gruseln,
wenn Gespenster und Gnome im Dunkeln
rumwuseln.

Doch plötzlich kommt was, das zart flattert.
Geschockt kreischt Gerd, er blickt verdattert
auf einen Zettel, der vor ihm schwebt
und dann, statt der Spinne, an ihm klebt!

Schon galoppieren, gelockt vom Geschrei
die Jahrmarktshelfer hastig herbei.
Und Gerds Frau zupft mit Fingern weich,
das Blatt von der Wange, kreidebleich!

Beim Lesen fängt jeder zu gackern an
und Gerd ist alles recht peinlich dann.
Mit schwacher Stimme grunzt er schließlich:
„Dieser Aufsatz stimmt mich verdrießlich!"
Doch dann, zum Glück, fällt ihm was ein – das ist
jetzt aber gar kein Reim:

**„Gerne genießt Gorilla Gisela grunzend
gegrillten Gurkensalat."**

Auf einmal fliegt das Blatt hinfort,
der Wind trägt es zum nächsten Ort.

Hausmeister Hubert: Hausmeisterturbulenzen

Im Hochhaus, das daneben steht,
hat Hausmeister Hubert viel bewegt:
Er hütet Hunde, Hühner und Hasen,
putzt Mülltonnen sauber, mäht den Rasen,
den älteren Herrschaften hilft er beim Tragen
und weiß manch' freundliches Wort zu sagen.
Auch repariert er den Herd von der Hanne
und Heinos zerbrochene Kaffeekanne.

Heute recht Hubert im Garten das Laub,
und später kehrt er ganz viel Staub.
Da landet leise, keck und frech
ein Blatt Papier auf dem Kehrschaufelblech.

Sofort ruft Hubert: „Na so was! Hallo!"
Beim Lesen schmunzelt er heiter und froh.
Und dann, zum Glück, fällt ihm was ein –
das ist jetzt aber gar kein Reim:

**„Hungrig holt Häsin Hildegard
hundertsieben Holunderbeeren."**

Auf einmal fliegt das Blatt hinfort,
der Wind trägt es zum nächsten Ort.

Ingrid Igel: Interessante Flugpost

Am Spielplatz neben dem Imbissstand
sitzt Ingrid Igel mit Ilvy und Frank.
Die Kinder spielen ein Instrument,
Frau Igel mit halboffenen Augen pennt,
als leise, sanft und mit Bedacht
irgendwas die Runde macht.

„Ihhhh!", ruft Frau Igel irritiert.
„Ist das ein Gleitschirm, der sich irrt?
Oder ist es ein Insekt,
inkognito in Papier versteckt?"

Die Frage, sie ist schnell gelöst,
denn ein Blatt landet jetzt auf Frank, der döst.

Frau Igel interessiert sich sehr,
sie liest den Inhalt kreuz und quer.
Und dann, zum Glück, fällt ihr was ein –
das ist jetzt aber gar kein Reim:

„Igel Isidor isst immer irgendein
irisfarbenes Ingwertörtchen."

Auf einmal fliegt das Blatt hinfort,
der Wind trägt es zum nächsten Ort.

Josefine Jeddebrock: Juckpulver und Schneckenjagd

Im Jasminweg, fünfter Stock,
wohnt Josefine Jeddebrock.
Sie mag Jojos, jagt die Schnecken,
jodelt und spielt gern Verstecken.

Am heutigen Dienstag, in diesem Moment,
beginnt Josefine ein Experiment:
Mit Jodeldilü will sie die Schnecken
für immer aus dem Salatbeet schrecken.
Bekleidet mit falschem Jaguarfell
tarnt sie sich für das Schneckenduell.
Hinter dem Jägerzaun kauert sie dicht
und wartet, bis die Nacht anbricht.

Schon hört sie es im Salatbeet japsen.
Sicher die Schnecken, die da schmatzen!
Na wartet!, denkt sie, holt tief Luft.
Da schreckt sie zusammen, der Jodler verpufft,
denn plötzlich juckt es ganz dolle
unter der falschen Jaguarwolle.

„Juckpulver!", fiepst Josefine entsetzt.
Wer hat sie bloß bei den Schnecken verpetzt?
Doch siehe da, es ist Papier.
„Ein Schneckendrohbrief? In meinem Revier?"

Dann endlich hat sie es kapiert
und einen Satz hinzu addiert,
denn, zum Glück, fällt ihr was ein –
das ist jetzt aber gar kein Reim:

„Jaguar Johann jagt junge, jadegrüne
Joghurteiskugeln."

Auf einmal fliegt das Blatt hinfort,
der Wind trägt es zum nächsten Ort.

Pfarrer Klaus: Kirchenchor und ABC-Gebet

Aus der Kirche treten hervor:
Pfarrer Klaus und der keuchende Kirchenchor.
Die Sänger proben fürs Sommerfest,
das Treffen heute gab ihnen den Rest.

Kaum, dass sie um die Ecke biegen,
sieht Klaus ein Papier an den Kirschbaum sich schmiegen.
Sportlich versucht er, danach zu greifen –
da zieht es kunstvolle Extraschleifen,
bis es endlich, Gott sei Dank,
kleben bleibt am Kopf von Herrn Klank.

Herr Klank, der Kantor, er spielt Kontrabass,
donnert laut: „Was ist denn das?
ABC in der Höh'! Wir preisen dich sehr!
Hat jemand 'nen Kuli? Los, her damit, her!"
Und dann, zum Glück, fällt ihm was ein –
das ist jetzt aber gar kein Reim:

„Kitzliger Koalabär Kenan kocht
kieselgraue Kohlsuppe."

Auf einmal fliegt das Blatt hinfort,
der Wind trägt es zum nächsten Ort.

Lennox Lick: Lesestoff auf dem Leuchtturm

Im Leuchtturm linst Herr Lennox Lick
nach Booten und Schiffen und deren Geschick.
Gern sieht er durch das Fernglas durch,
doch jetzt denkt er: Beißt mich der Lurch?!
Was ist denn das am Himmel droben?
Kommt da ein Luftschiff angeflogen?
Ein Ufo?

„Nein!", bemerkt der Späher.
„Ein Blatt Papier kommt immer näher!"

Herr Lick liest den Zettel, murmelt laut,
versunken er am Bleistift kaut.
Und dann, zum Glück, fällt ihm was ein –
das ist jetzt aber gar kein Reim:

„Leopard Lukas liebt lupinenfarbene, lustige Lakritzbonbons."

Auf einmal fliegt das Blatt hinfort,
der Wind trägt es zum nächsten Ort.

Marlene Meck: Malerei mit Folgen

Malerin Marlene Meck
malt mintgrün über einen Fleck.
Der Fleck verschmutzte das Haus, wie sie fand,
drum streicht sie gleich die ganze Wand.

Sie misst die Mauer richtig aus,
unter der Leiter hüpft 'ne Maus.
Als Frau Meck beginnt, den Pinsel zu heben,
bleibt plötzlich ein Blatt an der Farbe dran kleben.

Frau Meck nimmt den Zettel und merkt sich den Sinn,
sie steigt von der Leiter, meditiert vor sich hin.
Und dann, zum Glück, fällt ihr was ein –
das ist jetzt aber gar kein Reim:

„Maulwurf Moritz mariniert manchmal merkwürdige Maiskolben mit marmorweißen Marshmallows."

Auf einmal fliegt das Blatt hinaus,
der Wind trägt's fort – ins Nachbarhaus.

Nikolaus: Das neue Taschentuch

Wer wohnt denn da im nächsten Haus?
Ja, stellt euch vor! Der Nikolaus!
Hinter neunzig Nadelbäumen
will Nikolaus vom Nordpol träumen.

Doch leider legt ihn in der Nacht
ein dicker Schnupfen richtig flach.
Der Gute niest und näselt nur
seit neun Uhr schon in einer Tour.

Jetzt schwingt er langsam seine Hüften
ans Fenster, um etwas zu lüften.
„Hatschi!", niest er. „Na sowas! Huch!
Wo ist denn bloß mein Taschentuch?"

Natürlich muss das jetzt so sein –
eine Notiz gleitet herein.
Und schon wird diese zweckentfremdet,
der Alte sie zur Nase wendet.

Doch als er kräftig schnäuzen will,
hält er inne, liest ganz still.
„Halt!", ruft er. „Das ist der Hammer!",
rennt schnell wieder in die Kammer,
denn, zum Glück, fällt ihm was ein –
das ist jetzt aber gar kein Reim:

„Nilpferd Nina nagt niemals
nelkengewürzte Nougatschokolade."

Auf einmal fliegt das Blatt hinaus,
der Wind trägt's fort – ins Nachbarhaus.

Otto Otterkranz: Orangenorakel

Daneben im Gasthaus „Ochsenschwanz"
kellnert Herr Otto Otterkranz.
Herr Otterkranz will orakeln lernen
mit Oliven und Orangenkernen.

Ein Gast ruft laut: „Herr Ober, schnell!
Orangendessert! Und zackig! Gell?"
Herr Otterkranz eilt schon zum Tisch
und bringt Orangen, geschält und frisch.

Drei Kerne schwimmen im Saft darin.
Herr Otterkranz ruft: „Ich glaub, ich spinn!
Drei Kerne? Was sollen die bedeuten?"
Da hört er schon sein Smartphone läuten.

Herr Otterkranz rennt eilig hinaus,
stolpert plötzlich, fällt hin – pardautz!
Und wie er sich vom Boden berappelt,
spürt er, dass etwas am Ohr herumzappelt.

Schnell stellt er fest: „Das ist Papier!
Nanu, wie kommt das bloß zu mir?
Ist das die neue Speisekarte?
Vom ABC? Aha. Mmmm – warte …"
Und dann, zum Glück, fällt ihm was ein –
das ist jetzt aber gar kein Reim:

„Ohrenzwicker Onkel Oskar öffnet ölige Olivendosen."

Auf einmal fliegt das Blatt hinfort,
der Wind trägt es zum nächsten Ort.

Petrulla Pi: „Hier spricht die Polizei!"

Auf der Straße saust, mit lautem Motor,
Petrulla Pi im Porsche hervor,
drückt auf die Tube, rast mit Karacho,
die Anzeige zittert auf dem Tacho.

Und plötzlich ist es dann passiert:
Frau Pi hat die Ampel abrasiert!
Pauline, der Pudel, pinkelt vor Schreck,
dem Postboten fällt ein Paket in den Dreck.

Petrulla das alles sehr peinlich ist.
„Potzblitz!", schimpft streng der Polizist.
Er prüft die Personalien,
da fliegt Papier sacht vor ihm hin.

Schon hellt sich seine Miene auf:
„ABC-Geschichte? Ich schreib' was drauf!"
Und dann, zum Glück, fällt ihm was ein –
das ist jetzt aber gar kein Reim:

„Perlhuhn Philippa pickt pfeffrige
Pinienkerne."

Auf einmal fliegt das Blatt hinfort,
der Wind trägt es zum nächsten Ort.

Familie Quadbeck: Grillvergnügen mit Quatsch

Familie Quadbeck grillt qualmend im Garten,
das Fleisch und die Würstchen woll'n nicht mehr
lang warten.

Auf einmal klingelt das Telefon.
Quintura, die Tochter, hastet davon.
Herr Quadbeck fragt: „Willst 'ne Schweinerippe?"
Aber sie hört nichts, die Quasselstrippe!

Mit Quark im Gesicht kommen angesprungen
Quadir und Quentin, zwei kleine Jungen.
Die beiden sind ein Zwillingspaar,
sie sind sich ähnlich bis aufs Haar.

Quietschend machen sie nur Quatsch,
das Rippchen purzelt in den Matsch.
Herr Quadbeck schimpft: „Jetzt seid mal still!"
Da landet ein Blatt auf dem Grill.

Fast wäre es zwischen den Würstchen verbrannt,
doch Herr Quadbeck zupft es vom Rost mit der
Hand.

Begeistert entziffert er Satz für Satz
und schreibt mit Kohle dann ratz-fatz,
denn, zum Glück, fällt ihm was ein –
das ist jetzt aber gar kein Reim:

„Qualle Quintia quetscht quietschgelben
Quittensaft."

Auf einmal fliegt das Blatt hinfort,
der Wind trägt es zum nächsten Ort.

Ritter Robby: Ausritt mit Regenschauer

Ritter Robby vom Rosenstein
befindet sich eher selten daheim.
Auf Rabatz, seinem Hengst, reitet er eine Runde,
durchforstet den Burgenwald Stunde um Stunde.

Auf einmal ertönt von hinten ein Raunen,
der Ritter merkt auf, sein Pferd hebt vor Staunen
den Kopf und verweigert ab jetzt jeden Schritt.
Es geht weder vorwärts noch zurück.

Wild schlägt der Hengst mit rostrotem Schweif,
und Robby schwitzt, als ein Nebelstreif
sich durchsichtig über den Wald erhebt –
oder ist es Papier, das da ruhelos schwebt?

Forsch zieht der Robby seinen Degen,
da wird er plötzlich nass im Regen!
Er rettet das Blatt mit starker Hand
und sucht nach einem Unterstand.

Dort studiert er Wort für Wort,
und ein Gedanke in ihm bohrt,
denn, zum Glück, fällt ihm was ein –
das ist jetzt aber gar kein Reim:

„Rülpsende Ringelnatter Raphael röstet
runzligen Reibekuchen."

Auf einmal fliegt das Blatt hinfort,
der Wind trägt es zum nächsten Ort.

Susi Schnell: Wo ist das Schwein?

Im Süßkramladen, Sternplatz sieben,
wird alles SÜSSE groß geschrieben.
Dort gibt es Schnuller, Gummischlangen,
Sahnetörtchen, Zuckerstangen,
Brausebonbons, Schokolade,
Zimtgebäck und Limonade,
Softeis mit viel Karamell
und natürlich Susi Schnell.

Frau Schnell räumt die Regale ein
und stutzt: „Wo ist das Zuckerschwein?"
Sie hat es gestern doch gebacken …
jetzt hat Selina es am Nacken!

Das Mädchen isst es Stück für Stück,
Frau Schnell kommt eilig angerückt.
Sie schimpft: „He! Was erlaubst du dir?",
und greift schon nach dem Zuckertier.

Selina ruft: „Guck mal nach oben!"
Frau schnell schaut hoch: „Was ist da droben?"
„Ich seh' ein seltsam leichtes Ding,
das flattert wie ein Schmetterling!"

Frau Schnell, sie hat das Blatt erhascht,
Selina rasch vom Schweinchen nascht.
Beim Lesen schwärmen beide: „Hach!
Das ABC – wir denken nach!"
Und dann fällt ihnen etwas ein –
das ist jetzt aber gar kein Reim:

„Schwan Samuel schmort seufzend
schillernde Spaghetti."

Auf einmal fliegt das Blatt hinfort,
der Wind trägt es zum nächsten Ort.

Tiefseetaucher Theodor: Teepause am See

Tiefseetaucher Theodor
geht heute auf Entdeckungstour.
Er packt den Schnorchel und die Flossen,
der Tauchanzug passt angegossen.
Schnell aufs Tandem, ab zum Strand,
ein Tümpelfrosch hockt schon im Sand.

Der Theo denkt: Ich mach mal Pause
und trink' tomatenrote Brause.
Danach ein kleines Tässchen Tee,
und später spring ich in den See.

Am Ufer sitzt der Theodor,
die Sonne wärmt sein linkes Ohr.
Da ist es mit der Ruhe aus,
ein Tennisball kommt angesaust!
Aber – stopp! Das stimmt ja nicht!
Das Flatterteil hat kaum Gewicht!

Er kommt dem Rätsel auf die Spur:
„Das ist Papier! Ein Zettel nur!"
Der Theo liest den Text genau
und schreibt mit Füller tintenblau:

„Träumender Tintenfisch Tom teilt
täglich teigige Thunfischtoasts."

Auf einmal fliegt das Blatt hinfort,
der Wind trägt es zum nächsten Ort.

Uta Umbrella: Jumping Uroma

Ulis Uroma Uta Umbrella
läuft trotz ihrer Achtzig jeden Tag schneller.
Heut' läuft sie einen Marathon:
Hundert Meter hat sie schon.

Die Uhr zeigt elf Minuten an,
und Uta rennt, so schnell sie kann.
Auf einmal stoppt sie ihren Lauf
und hebt ein Blatt vom Boden auf.

Die ander'n Sportler sprinten weiter,
Uta aber lächelt heiter.
Sie zeigt Uli dieses Blatt
und sagt zum Trainer: „Ich bin matt!"

Die beiden denken nach ein Weilchen
zwischen Usambaraveilchen.
Und dann, zum Glück,
fällt ihnen was ein –
das ist jetzt aber gar kein Reim:

„Ulkiger Uhu Ulrike überbäckt urige Überraschungseier."

Auf einmal fliegt das Blatt hinfort,
der Wind trägt es zum nächsten Ort.

Vanessa Voss: Vogelgezeter

Auf der Veranda von Vanessa Voss
ist Vogel Viktor lang schon der Boss.
Er kann sprechen, und wenn man ihn stört,
benimmt er sich völlig unerhört.
Heute erwartet Vanessa Besuch
von Tante Vera und ihrem Hund Vuch.
Musik liebt Tante Vera sehr,
sie spielt Violine und vieles mehr.

„Klingeling!", tönt die Glocke und Vogel Viktor
kommt vorsichtig aus dem Versteck hervor.
Nach frohem „Hallo!" und „Wie geht es dir?" –
Sagen
fängt Viktor an, den Hund zu plagen.
Flink zwickt er ihn in seinen Schwanz,
der arme Vuch verheddert sich ganz.
Viktor krächzt vorlaut: „Vuch, du Verräter!"
Der Vogel ist wirklich ein Übeltäter!
„Aus!", ruft Vanessa deshalb streng.
Da scheppert und knallt es plötzlich: „Peng!"

Der Vogel - er stößt gegen die Wand
und hat den Kopf sich dabei gerammt.
Mit einem Verband muss Viktor verschnaufen,
Hund Vuch muss nicht um den Kuchen raufen.
Die Tante sagt: „Bevor ich's vergesse
und nur den Kuchen weiteresse ..."
Sie öffnet ihre Tasche und lacht:
„Ich hab dir etwas mitgebracht.
Für meine liebe, nette Nichte
diese ABC-Geschichte!"
Verblüfft liest Vanessa, isst ein Konfekt,
dann ruft sie vergnügt: „Das ist ja perfekt!"
Denn, zum Glück, fällt ihr was ein –
das ist jetzt aber gar kein Reim:

**„Vorlaute Venusmuschel Veronika
verquirlt viel Vanillepudding."**

Auf einmal fliegt das Blatt hinaus,
der Wind trägt's fort – ins Nachbarhaus.

Wendelin: Ein Wurzelwichtel im Wal-Kostüm

Im wunderschönen Wasserschloss
wohnt Wendelin im Erdgeschoss,
webt und strickt aus warmer Wolle
Klamotten für Wichtel und für Trolle.

In seiner Werkstatt kriecht ein Wurm
über den Wollknäuelwackelturm,
und vor dem Fenster ziehen Wolken,
die Kuh auf der Weide wird grade gemolken.

Der Wendelin denkt: Wie ist das schön,
wenn auf dem Hügel sich Windmühlen dreh'n!
Plötzlich erschrickt er, kreischt: „Was ist das?
Da watschelt ja ein Wal durchs Gras!"

Doch – nein! Es ist nur ein Kostüm!
Wichtel Wilma steckt darin.
„Mach auf!", ruft Wilma „Lass mich rein!
Hab Post für dich – die ist geheim!"

Die Wichtelfrau und Wendelin
schmökern wispernd vor sich hin.
Und dann, zum Glück,
fällt ihnen was ein –
das ist jetzt aber gar kein Reim:

**„Witziger Wal Waldtraut würzt wacker
winzige Windbeutel."**

Auf einmal fliegt das Blatt hinaus,
der Wind trägt's fort – ins Nachbarhaus.

Frau Xingplingpling und Frau Yang: Xylophon und Yoga

Frau Xingplingpling vom Fluss Xa Moron
macht Urlaub mit ihrem Xylophon.
Sie nächtigt im Hotel "Zum Xaver"
und weil sie Diät hält, isst sie nur Hafer.
Im Zweibettzimmer nebenan
wohnt Ylva Yang mit ihrem Mann.

Frau Xingplingpling übt Xylophon,
doch leider trifft sie keinen Ton.
Frau Yang übt Yoga, fühlt sich gestört –
der schrille Klang hat sie empört.

Schon will Frau Yang sich laut beklagen,
da fliegt ihr etwas in den Kragen!
„Was soll denn dieser Schabernack?
Was kitzelt so und zwickt und zwackt?"

Da endlich hat Frau Yang ein Blatt
aus ihrem Dekolleté geschnappt.
Sie liest und kichert, dass es kracht!
Frau Xingplingpling liest auch – und lacht!
Und dann, zum Glück, fällt den beiden was ein –
das ist jetzt aber gar kein Reim:

„X-beiniger Yak Yves mixt Ysop mit Ylang-Ylangtee ."

Auf einmal fliegt das Blatt hinaus,
der Wind trägt's fort – ins Nachbarhaus.

Zerres Zabaione: Zauberei mit Zitrone

Zahnarzt Zerres Zabaione
zaubert im Zahnarztstuhl mit Zitrone.
Manch ein zitternder Patient
hat dabei Zahnschmerzen verpennt.
Auch Bohren tut bei ihm nicht weh,
denn Zerres kitzelt die Leute am Zeh.

Herr Zabaione hat auch fünf Kinder,
die verstecken sich gern unterm Zauberzylinder.
Will er sie suchen, zappeln sie nur –
schon sind sie verschwunden! Vom Hut keine Spur.
Nach zehn Sekunden ist alles vorbei.
Der Zahnschmerz ist weg, durch Zauberei.

Heute ist der Zelko dran.
Vom langen Warten wird ihm bang!
Doch Doktor Zerres Zabaione
zieht aus dem Hut die Zauberzitrone.

Aber ausgerechnet gerade jetzt
haben die Fünf den Zylinder verhext!
Ist Zelkos Zahn ohne Zauber zu retten?
Da scheint etwas durch die Türe zu jetten.

Zelko lacht fröhlich, die Angst ist weg!
Der Arzt nimmt den Zettel, kriegt einen Schreck:
„Au weia, was ist das, was ich da seh'?
Etwa ein Aufsatz vom ABC?"
Doch dann, zum Glück, fällt ihm was ein –
das ist jetzt aber gar kein Reim:

**„Zotteliger Zeisig Zoe zerpflückt
zögernd zitternde Zuckerrüben."**

Auf einmal fliegt das Blatt hinaus,
der Wind trägt's fort – ins Nachbarhaus.

Antonella Augenstern: Ein Mondscheingeschenk

Der Abend kommt, die dunkle Nacht,
Antonella liegt noch wach.
Ihr Herz wird schwer, der Bauch tut weh.
„Der ABC-Aufsatz! Herrje!"

Auf einmal schwebt im Mondenschein
ein Blatt Papier zum Fenster rein:
Ein Autogramm ohne Adresse?
Ein Artikel von der Presse?

„Nein!", ruft das Mädchen laut. „Juchei!"
Schon ist der Herzbauchschmerz vorbei,
denn was sie in den Händen hält,
ist ihr Aufsatz, wie bestellt!

Antonella liest und lächelt,
gluckst und kichert, grinst und hechelt:

Schlemmerparty bei den Tieren

Am Abend angelt Affe Andi alte Austernmuscheln.
Bald brummt Berthold Bärs behaarter Bauch.
„Christians Cola-Cremepudding! Cool!", denkt der Dickpelz.
Elfenbeinfarbene Eidechsen essen ernsthaft Erbsenreis.
Fröhlicher Flusskrebs Friedolin fischt flugs fünf Flaschen frostigen Fruchtsaft.
Gerne genießt Gorilla Gisela grunzend gegrillten Gurkensalat.
Hungrig holt Häsin Hildegard hundertsieben Holunderbeeren.
Igel Isidor isst immer irgendein irisfarbenes Ingwertörtchen.
Jaguar Johann jagt junge, jadegrüne Joghurteiskugeln.
Kitzliger Koalabär Kenan kocht kieselgraue Kohlsuppe.
Leopard Lukas liebt lupinenfarbene, lustige Lakritzbonbons.
Maulwurf Moritz mariniert manchmal merkwürdige Maiskolben mit marmorweißen Marshmallows.
Nilpferd Nina nagt niemals nelkengewürzte Nougatschokolade.
Ohrenzwicker Onkel Oskar öffnet ölige Olivendosen.
Perlhuhn Philippa pickt pfeffrige Pinienkerne.
Qualle Quintia quetscht quietschgelben Quittensaft.
Rülpsende Ringelnatter Raphael röstet runzlige Reibekuchen.
Schwan Samuel schmort seufzend schillernde Spaghetti.
Träumender Tintenfisch Tom teilt täglich teigige Thunfischtoasts.
Ulkiger Uhu Ulrike überbäckt urige Überraschungseier.
Vorlaute Venusmuschel Veronika verquirlt viel Vanillepudding.
Witziger Wal Waldtraut würzt wacker winzige Windbeutel.
X-beiniger Yak Yves mixt Ysop mit Ylang-Ylangtee.
Zotteliger Zeisig Zoe zerpflückt zögernd zitternde Zuckerrüben.

Das Mädchen starrt stumm auf das Blatt
und staunt: „Jetzt bin ich wirklich platt!"
Kuschelt müde sich ins Kissen
schlummert ein – mit gut' Gewissen.

In Antonellas buntem Traum
sitzt sie mit Affen im Kirschenbaum,
lutscht lustige Lakritze
in einer Quittensaftpfütze.
Dazwischen fliegt das ABC,
ein Bär zwickt den Lehrer in den Zeh.

Und wir?
Wir schleichen sacht und leis hinaus,
denn die Geschichte ist jetzt – aus!

Antje Tresp-Welte wurde 1973 in Aalen geboren. Als Kind faszinierten sie die Verse von Wilhelm Busch und die Abenteuer von Pippi Langstrumpf. Als Erwachsene unterrichtet sie an einer Klinikschule, spielt gern lustige ABC-Spiele und findet Gereimtes immer noch toll. Mit ihrer Familie lebt sie in Radolfzell am Bodensee, wo ihr der Wind ständig neue Ideen für ihre Kinderbücher ins Ohr flüstert.

Norbert Denno malt, seit er denken kann. So vergeht (fast) kein Tag, an dem er nicht Pinsel und Stifte schwingt. Themen seiner Bilder sind oft Ereignisse, die die Leute in seiner Heimatstadt Vreden bewegen. Oder er malt über ganz alltägliche Dinge, wie z.B. Osterhasen und Fußball. Egal, um was es jeweils geht: Norbert Dennos Blick ist immer augenzwinkernd und humorvoll. Viele seiner Bilder finden ihren Platz in der lokalen Presse.

DANKE ...

... an Norbert Denno und seine unvergleichlich witzige Art, meinen Gedanken und Ideen mit seinen Bildern Leben einzuhauchen. Ohne dich gäbe es dieses Buch gar nicht. Ich freu mich schon auf unser nächstes Projekt!

... an das nette Team von BoD, allen voran Frau Dr. Ulrike Bremer, die mir mit Rat und Tat zur Seite stand!

... an Rolf Sitter und seine Engelsgeduld in Sachen "Computer" - dein Crash-Kurs hat mir die Augen für die vielen technischen Möglichkeiten geöffnet!

... an Sarah Dittmar und Adelheid Bürkle, die mit ihren Adleraugen die Geschichte auf Apostrophe, Tippfehler und andere Ungereimtheiten geprüft haben!

Und dann natürlich DANKE an meine Familie. Tom, du hast mir den Rücken gestärkt. Und Christian - deine scharfsinnigen Fragen haben Antonella ganz dolle bei ihren Hausaufgaben geholfen!

Antje